AF267261

EXAMEN ABRÈGÉ

DU PRÉSENT. DU PASSÉ

ET DE

L'AVENIR POLITIQUE

DE LA

NATION FRANÇAISE & AUTRES

PAR

J. FAUQUE

DEUXIÈME ÉDITION

AVIGNON

TYPOGRAPHIE ET LITHOGRAPHIE A. ROUX

7, rue Bouquerie, près la Préfecture

1876

EXAMEN ABRÉGÉ

DU PRÉSENT, DU PASSÉ

ET DE

L'AVENIR POLITIQUE

DE LA

NATION FRANÇAISE & AUTRES

Je ne ferai, en écrivant cet espèce de petit opuscule, qu'examiner un peu superficiellement et d'une manière très-abrégée, l'histoire de la nation française, pour arriver au plus vite au but que je me propose d'atteindre, et qui, dans ma pensée, n'est pas de faire de l'histoire de France, mais de puiser çà et là, dans l'histoire elle-même, quelques renseignements utiles au développement et à l'appui de quelques idées politiques et sociales, que le lecteur trouvera exposées dans la présente brochure.

Si nous retournons à environ dix-huit cents ans en arrière de notre époque, nous trouvons la France d'aujourd'hui sous le nom de Gaule, et ses habitants de l'époque, valeureux et redoutables à leurs voisins ; mais malgré tout cela, cette valeureuse nation, formée de diverses peuplades, devait éprouver, ce que dans l'ordre de la nature, toutes les nations guerroyeuses éprouvent à leur tour ; et après avoir parcouru et vaincu une grande partie de l'Europe, et avoir porté ses pas en vainqueur en Asie et en Afrique, et par suite de dissensions survenues entre elles, les Romains, qui avaient été battus par

les indomptables guerriers de ces nombreuses
peuplades gauloises, et dont le Sénat fut forcé de
se racheter à prix d'argent, profitant de ces dissensions de leurs vainqueurs, parvinrent par
leur adresse à les subjuguer à leur tour, et en
gardèrent la domination pendant quatre cents
ans environ.

L'Empire romain à la fin de cette période
d'années allait s'affaiblissant, et des peuplades
du Nord de l'Europe, profitant de la décadence
de cet Empire, franchirent de toutes parts les
frontières des Gaules, et cette invasion formée
d'autres différentes peuplades, dont entr'autres
les Francs, sortis de la Germanie, surent profiter du moment de la décadence romaine et de
l'appui des peuplades gauloises, et à la suite de
rapides conquêtes, fondèrent vers l'an 420, le
royaume de France, dont Pharamon fut le premier Roi.

Mais laissons là ces temps reculés et pour
ainsi dire ignorés, ainsi que ces peuples guerriers et grossiers, qui la plupart errants, vivaient
à ce qu'il paraît, en grande partie des produits
naturels du sol et de la chasse, pour examiner
et nous occuper de quelques faits remarquables
des temps plus rapprochés du nôtre : en nous
y rapportant d'un seul coup de trois cents ans
environ, qui nous fait laisser derrière nous cette
série de rois, dont les uns plus ou moins féroces
et sanguinaires, et d'autres dits fainéants, et
presque tous incapables et indignes de gouverner
un peuple ; dont quelques uns d'entre eux,
tellement faibles qu'ils se laissèrent maîtriser
eux-mêmes, par les maires du Palais, comme le
dit l'histoire du temps de Chilpéric II, dont
Charles Martel, maire du Palais à l'époque, prit
même les armes contre ce faible roi, son souverain.

L'histoire nous montre ce maire comme un des plus grands hommes qui ait paru sur la terre. Selon moi, il a pu être un grand capitaine, un grand guerrier, mais non un grand et habile politique, à moins qu'il fut un ennemi juré du peuple et de son pays !

Vu que s'il agissait de bonne foi, il ne s'apperçut pas qu'en flattant trop les grands, et en eeur accordant de trop grands privilèges, lntr'autres celui de la jouissance des fiefs, dont plus tard Charles le Chauve lui donna la propriété, il instituait ou mieux fortifiait par là, une chose qui serait plus tard funeste au peuple, à la nation entière, ainsi qu'à la Royauté.

L'expérience, cette grave institutrice, nous l'a malheureusement bien prouvé depuis par les souffrances endurées par le peuple, par suite de ces priviléges, et par maintes révolutions ou tentatives de ce genre qui ont eu lieu en France, malgré les efforts d'ailleurs très-louables de la part de certains rois, pour améliorer le sort des classes travailleuses, à commencer par Charlemagne qui le premier fit, en faveur des libertés publiques, et bien entendu dans l'intérêt du peuple, appel au tiers-état, ou ordre du peuple, pour le faire participer un peu aux affaires de la nation. Ce qui était vraiment un germe de gouvernement représentatif, mais qui ne devait pas produire de si tôt, tous les fruits que peut-être son auteur s'était promis d'obtenir, et cela par une raison bien simple, que la mesure (et surtout à une époque où là classe travailleuse était encore beaucoup ignorante), n'était pas assez radicale.

La mesure prise par Charlemagne pour abaisser les grands et relever le peuple était, paraît-il, de celles pratiquées encore de nos jours, et que nous appellerons demi-mesures; ou bien peu de choses, et malgré cela, quand parfois elles sont prises ou proposées, il se trouve toujours une classe d'hommes qui, sous la dénomination ou le titre de conservateurs, dont parfois ils se parent à tort, cherchent à mettre entrave aux idées nouvelles, et paralysent souvent ainsi la marche du progrès.

Eh bien ! Ces hommes qui, sans doute en leur conscience croient bien faire (et que dorénavant nous appellerons hommes-freins), ne s'avisent malheureusement pas assez que les hommes de réaction profitent toujours de leurs frayeurs irraisonnées, et que bien souvent par leur inaction et leur manque d'appui plus accentué aux hommes d'action, aux idées libérales, ils sont cause que bien des choses sont souvent à recommencer.

Il en est tellement ainsi, qu'il a fallu, en France, plus de mille ans pour détruire entièrement l'ordre féodal établi, comme nous avons vu, par Charles Martel, et ensuite frappé même par des souverains et à diverses reprises, à commencer par le grand Charlemagne et plus tard par Louis VI, qui affranchit la Commune, puis par Philippe Auguste, Philippe le Bel, Jean le Bon, Louis XI, et qui ne reçut pourtant le coup de grâce qu'à la révolution de 1789, époque à jamais mémorable que tout homme libéral, clairvoyant et juste doit vénérer, par la raison que c'est cette grande révolution de 1789 qui valût à la nation, l'heureuse abolition des droits féodaux ou seigneuriaux, dont les autres classes du peuple non titrées avaient si longtemps supporté le joug.

Cette grande révolution qui se termina en 1792 par la proclamation de la République, qui depuis 1789 existait pour ainsi dire déjà de fait, était comme nous avons déjà dit, l'é-

mancipation du peuple, et par conséquent
l'abolition entière des droits féodaux, au détriment de MM. les seigneurs et autres nobles.

Mais comme on devait s'y attendre, l'abolition ou suppression des droits que ces Messieurs
s'étaient arrogés et autres qui leur avaient été
donnés ou accordés sous la Royauté absolue,
devait nécessairement, dans l'ordre des choses
de l'égoïsme naturel de l'homme (sauf excep-
tion), lui susciter des ennemis parmi les grands
que 1789 avait déjà frappé et mis au même
niveau que l'autre partie du peuple.

Et c'est malheureusement ce qui arriva :
certains nobles et seigneurs, en haine ou par
peur de la Révolution qui venait d'abolir leurs
priviléges, s'enfuirent de France et, sur le sol
étranger, complotèrent contre le gouvernement
que le peuple ou mieux la nation, venait de se
donner.

Ce qui revient à dire qu'ils s'insurgeaient
contre les vœux et lois de leur patrie, dans
l'espoir de ressaisir leurs anciens priviléges.

Cettte même année, des troupes étrangères,
ayant dans leurs rangs quelques français royalistes, la plupart blasonnés, pénétrèrent en
France et s'emparèrent de Longwy et Verdun,
mais la bataille de Valmy, gagnée par les
français, commandé par le brave général
Kellermann, précipita la retraite des troupes
coalisées, venant en France en vue d'y rétablir
l'état de choses existant avant 1789.

Au milieu de tant de grands évènements, il
se passa paraît-il des choses regrettables, car
la France, malgré le travail qu'elle avait à faire
pour sa réorganisation sociale, eut à supporter
pendant quelque temps une affreuse guerre
civile, et de plus la guerre avec l'étranger,
dans laquelle elle remporta de nombreuses

victoires. Un de ses généraux entr'autres, du nom de Bonaparte, se distingua sur les champs de bataille par son courage et son génie militrire, ce qui lui valut d'être nommé premier consul de la République.

Ce grand guerrier malheureusement dominé par l'ambition, non content du premier poste de la République, visait à devenir à peu près maître absolu, et en 1801 sa politique occulte et ambitieuse se dessine : un concordat est conclu avec le Pape, par lequel le libre exercice de la religion est rétabli, chose des plus juste, vu que la liberté doit être égale pour tout le monde.

Ensuite en 1802, Bonaparte fait ou du moins contribue largement à un autre acte politique en sa faveur, en abolissant la liste des émigrés, ce qui permet à cette catégorie de gens de rentrer tranquillement en France. Ce fut là un acte d'humanité, et dont on ne peut que le louer. Et il est même à désirer que nos gouvernants actuels procèdent au plus tôt de la même manière envers tous les condamnés politiques, et de cesser même toutes poursuites pour les mêmes délits envers tout le monde, afin d'apaiser les passions et les haines s'il en reste, et de ne plus parler à l'avenir de mettre en accusation les hommes politiques de 1851, comme parfois certaines personnes le demandent, que d'y mettre ceux qui ont pu se compromettre après.

Oui, plaise à Dieu que le gouvernement actuel, d'accord avec l'homme illustre qui se trouve à la tête, rende au plus-tôt et d'un seul et même coup, tous les condamnés pour crimes et délits politiques à la liberté, et qu'ils le croyent, ce jour-là sera pour eux un des plus beaux jours de leur vie, vu qu'ils auront cette belle et grande satisfaction de pouvoir dire : ce jour-là, nous avons séché bien des larmes !...

Revenons à Bonaparte ; la même année 1802, il institue l'ordre de la légion d'honneur, pour récompenser les services civils et militaires, — acte de ruse, si jamais il en fut.

Bonaparte, premier consul à vie, aspirait comme j'ai déjà dit, au pouvoir absolu, et ses actes le prouve surabondamment.

En effet : rétablissement en France de la religion catholique ; ce qui lui ralliait le clergé et tous les dévots ; — abolition de la liste des émigrés, ce qui lui valait, momentanément, sinon l'appui de la noblesse, du moins un temps d'arrêt dans les complots de ces gens contre lui ; — enfin création de la légion d'honneur, ce qui lui valut plus vivement encore l'appui de l'armée et de beaucoup de fonctionnaires, attendu que par ces actes, les uns et les autres étaient flattés.

Après la guerre civile dont le point de départ fut dit-on l'insurrection de la Vendée, ces actes de Bonaparte ne pouvaient que contribuer largement et puissamment à lui faire reconnaître par la partie réactionnaire et par les hommes-freins du peuple français, le titre d'Empereur, que le Sénat venait de lui conférer, ou que lui venait de s'approprier.

Sous cette nouvelle forme de gouvernement, la France fut malheureusement continuelle-ment en guerre avec les autres nations euro-péennes, où elle acquit néanmoins par ses vic-toires de la République et de l'Empire, beau-coup de gloire, comme on dit ; comme si la gloire consistait dans la destruction de la race humaine ou dans la spoliation entre nations différentes !

Pourquoi et comment se fait-il que, de nos jours encore, tant d'hommes fantaisistes, poussés par une sorte de folie, persistent à marcher dans cette malheureuse et trop souvent criminelle voie ?

Y a-t-il pourtant sur la terre quelque chose de plus horrible, de plus sauvage, de plus révoltant, et de plus répréhensible que ces hommes qui se croyant au-dessus de tous les autres hommes, et qui n'écoutant parfois que leur colère et aveugles passions, se croyant tout permis, poussent (et le plus souvent en lâches du fond de leurs palais) leurs semblables sur les champs de bataille, pour spolier les états et exposer par là beaucoup de pauvres et aveugles créatures..... a être tuées ou abimées, et bien souvent, hélas ! pour des choses bien futiles ou presque sans raison ! On comprend les voies de fait pour le cas de légitime défense, mais l'agresseur et même le provocateur (surtout en semblable matière) sont inexcusables, et devraient selon moi être en horreur à tout être humain.

Dans toutes les nations soi-disant civilisées, des lois punissent et flétrissent les crimes et les assassinats isolés, pour des causes particulières, et c'est chose juste, tandis que pour d'autres elles glorifient les actions meurtrières de la guerre !

Oh déraison ! oh triste ! bien triste et ignorante race humaine, quand donc ouvriras-tu enfin les yeux, pour entrer dans la vraie gloire, dans la voie de la véritable fraternité, celle de faire le bien et rien que le bien ? Au lieu de continuer à pratiquer ce jeu sanguinaire du démon, car il ne peut y avoir qu'un esprit infernal qui puisse pousser les hommes à ces actions blâmables, car la guerre sans provoca-

tion ou sans agression, ou enfin par d'autres
motifs très-sérieux, est un crime épouvantable.

On pourrait, selon moi, parvenir au but du
désir que j'ai exprimé ci-dessus par deux moyens différents, dont l'un, vu la nature de
l'homme et l'état social européen, assez difficile,
et qui, quoique paraissant par les raisons ci-
dessus presque impossible, pourrait bien parfois, la nature de l'homme s'améliorant, se
réaliser (mais sans pourtant trop y croire), ce
qui consisterait à ne faire de l'Europe, pour
ainsi dire qu'un seul et même peuple, enfin un
Etat-Unis d'Europe dans le système améri-
cain.

Ce but doit être celui de tous les hommes
amis du véritable progrès, d'où découlent l'ordre, la paix, et par conséquent la morale et le
bien-être humain !

Oui, là est notre devoir à tous, et si toutefois
par le trop grand nombre d'intérêts divers, le
vice de la part de certains hommes et l'igno-
rance de certains autres, nous ne pouvons pas
parvenir à supprimer les bornes et les barrières,
afin de ne former, je le répète, pour ainsi dire
qu'un seul et même peuple, ne nous lassons
jamais, luttons quand même par ce deuxième
moyen contre la guerre, cet ignoble fléau vo-
lontaire de la part des hommes, et disons :
dans chaque nation civilisée, les différents
entre particuliers s'arrangent et s'accomodent
par l'intermédiaire de juges ou arbitres (en
attendant mieux si la chose est possible), les
nations ne pourraient-elles pas agir de même ?
ne pourrait-on pas instituer un tribunal international pour juger et apaiser les différents qui,
par la suite, pourront encore surgir entr'elles ?
Cela vaudrait mieux que de guerroyer, et soit
République, Empire ou Monarchie, grands ou

petits, bénis soient ceux qui l'entreprendront
ceux qui y adhéreront, car ceux-là feront preuve
de sagesse !...

Cela dit, laissons-là, du moins pour le moment, cette sérieuse question philosophico-huma-
nitaire, que je recommande à tous les hommes
de bonne foi et de cœur, d'adopter et de patron-
ner de tous leur pouvoir. Espérons que le
nombre de ces hommes grossira avec le temps,
et qu'il s'en trouvera parmi les Empereurs et
les Rois, comme parmi les présidents des Républiques, et surtout beaucoup dans les autres
classes de la grande et vaste société humaine,
vu que c'est là une chose qui intéresse également tous.

Revenons et pour en finir à l'Empereur
Napoléon, ce grand guerrier, et qui le fut même
trop sans doute, vu que malgré la malheureuse
passion belliqueuse française, il poussa tellement loin la passion de la guerre, que le peuple
à la fin ennuyé et fatigué des suites de cette
sotte et malheureuse passion, vit la chute de ce
trop grand conquérant avec une joie extrême.

À cette chute, qui eut lieu définitivement en
1815, Louis XVIII fut nommé roi de France
avec l'aide des puissances étrangères coalisées
qui venaient d'envahir une fois encore la
France.

Ce roi, membre de la branche aînée des
Bourbons, donna à la France une Charte constitutionnelle, qu'il respectât, et le peuple, à ce
qu'il paraît, n'eut pas à se plaindre de son
règne, qui valut un peu de repos au pays ; il
sut même être ferme et résista à certaines de-
mandes de la noblesse, chose qui entr'autre
l'honore.

Il n'en fut pas de même de Charles X, qui
en esprit faible, cédant à certaines sollicitations

auxquelles son prédécesseur avait su résister, rendit des ordonnances froissant les droits précieux du peuple, ce qui fut la cause de la révolution de juillet 1830, où après trois jours de combats sanglants, le trône de la branche aînée des Bourbons fut renversé au profit de Louis-Philippe, qui fut proclamé roi des Français.

Sous ce règne, les affaires commerciales prirent un grand essor.

Louis-Philippe, membre de la branche cadette des Bourbons, devenu roi, au préjudice de la branche aînée, dota aussi la France d'une Charte constitutionnelle, mais il eut le tort, — et en cela manqua de reconnaissance envers le peuple, — de ne pas accorder le suffrage universel à la nation au lieu du suffrage censitaire, cette mesure maladroite, et de plus cette ingratitude ne pouvait que contribuer à sa chute par suite des jalousies et du mécontentement qu'elle occasionna parmi les classes non priviligiées. Louis-Napoléon, sous ce rapport, fut plus adroit.

Un jour, durant le règne de Louis-Philippe, l'idée vint à on ne sait qui d'aller à Saite-Hélène chercher les cendres du premier empereur Napoléon, trop célèbre guerrier qui, pour satisfaire à son ambition, ne craignit pas de renverser la République pour se faire nommer Empereur.

La translation des cendres de ce grand conquérant, qui eut lieu en 1840, fut une lueur d'espoir pour les bonapartistes, car ce fut là, selon moi, un acte de propagande en faveur de leur cause, tout en étant un acte de courtoisie envers les prétendants à la couronne impériale.

Il existait encore, à cette époque, beaucoup d'anciens soldats et employés du premier, et cet événement les fit tressaillir de joie, ranima leur espoir ! Car, pour bon nombre de ses anciens serviteurs, le nom de Napoléon était un espèce de culte, et le prince Louis-Napoléon, dont on ne se méfiait guère ou du moins pas assez, mit sans nul doute l'effet produit à profit.

Si donc la translation des cendres de Napoléon fut un acte de condescendence, doit-on admettre qu'il fut politique de la part de Louis-Philippe ? Non, car ce roi n'aurait jamais dû, dans son intérêt personnel et de sa dynastie, perdre de vue le prétendant impérial et ses amis.

Ensuite, et en dehors de toutes ces fautes, est-ce que le gouvernement de Louis-Philippe n'en commit pas une encore, — du moins envers lui, — lorsqu'il s'obstina à refuser la réforme que les libéraux de l'époque lui demandait ? Si, car ce refus fut la dernière cause de sa chute.

Ce qu'on peut dire à la louange de Louis-Philippe, c'est qu'il préféra la paix à la guerre, et que le commerce alla assez bien durant son règne.

Le gouvernement républicain de 1848 qui le remplaça, débuta aussi par un acte tout-à-fait impolitique, en ouvrant sans conditions les portes de la patrie à Louis-Napoléon Bonaparte et aux siens, quand il les fermait à la famille des Bourbons.

Ce fait démontre encore davantage et de plus en plus l'influence croissante des bonapartistes à cette époque, et à la tournure que prirent alors les choses, on serait presque porté à penser que les bonapartistes contribuèrent à faire tomber le gouvernement de juillet, ou mieux de Louis-Philippe, en se faisant de la République un marchepied pour arriver à l'Empire.

Le gouvernement républicain de 1848, qui établit en France le suffrage universel, qui diminua l'impôt du sel et réduisit la taxe du port des lettres à bas prix, était incontestablement composé d'hommes sages, remplis de très-bonnes intentions et de plus très-savants, comme littérateurs, légistes, mais très-peu forts en politique.

Est-ce que Louis-Napoléon, prétendant à la couronne impériale (et pour preuves ses échaffourées de Strasbourg et de Boulogne), n'était pas aussi un prince français? Et comme tel la mesure qui frappait les deux branches des Bourbons, ne devait-elle pas aussi lui être appliquée ? Où il fallait interdire le territoire de la patrie à tous les prétendants, où l'interdire à aucun.

Mais mieux valait pour un certain temps dans l'intérêt du pays même, attendre qu'une bonne constitution fut faite et goûtée du peuple, et probablement que par ce moyen la République française n'aurait pas été étouffée et la République romaine, comme elle également naissante.

Car, le nouveau gouvernement romain qui avait enlevé au pape, chef de la religion catholique sur la terre son pouvoir temporel, qui lui fût, par la maladresse de certains hommes et l'adresse de certains autres, rendu par les armes françaises (ce qui fut une anomalie et un non-sens) et qui plus tard lui a été dans une autre grave circonstance enlevé de nouveau par celles de Victor Emmanuel, aurait pu être alors d'une grande utilité à notre jeune République, si au lieu de l'étouffer, comme elle fit, et cela sans aucun motif plausible, celle-ci, au lieu dis-je de la démolir, l'avait aidée à s'établir, tout en lui conseillant et même l'obligeant par motifs politiques et par respect à son rang d'indemniser le Pape, qui venait d'être par elle dépossédé de son titre de Roi.

Les principales causes de cette faute énorme furent l'influence toujours croissante des bonapartistes et l'aveuglement de beaucoup de royalistes, qui en haine de la République, donnaient tête baissée dans le panneau bonapartiste, qui jouaient auprès du Pape actuel en cette circonstance, à peu près le même jeu que Napoléon Ier avait joué envers un autre pape en 1802, à l'occasion du Concordat et espérant renverser la République par l'intermédiaire de Louis-Napoléon, ce qui arriva en effet, et se débarrasser ensuite de lui, quand bon leur semblerait, ce en quoi ils se trompèrent.

Enfin l'influence amoindrie des quelques républicains de la Chambre législative de 1849, et par suite des fautes commises en 1848, soit par le gouvernement de l'époque, soit par les émeutiers ; le parti républicain allait toujours s'affaiblissant et de ces fautes et autres, les bonapartistes, en gens habiles, en tirèrent parti, et tant et si bien, que dans la nuit du 2 décembre 1851, par un habile et audacieux coup d'Etat, ils escamotèrent la République et nous imposèrent l'Empire.

Cet acte quoique habile, est selon moi, le plus blâmable qu'ait commis Louis-Napoléon Bonaparte, vu que par cet acte il viola son serment et renia le gouvernement qui lui avait ouvert les portes de la patrie et qui lui avait accordé l'honneur d'être élevé au poste le plus éminent de la République.

Car, aurait-il été moins grand, en restant président de la République, qu'avec le titre d'Empereur ? Non, tout au plus fut-il probablement devenu moins riche.

Ce coup d'Etat, l'un des événements les plus

graves que l'histoire a eu et aura à enregistrer, aurait peut-être encore trouvé indulgence, dans une certaine mesure de par la bonhomie française, si l'Empire qui venait de s'imposer par la force s'était exclusivement occupé à réparer autant que possible les malheurs précédents et ceux arrivés à son avénement, en moralisant le peuple par de bons exemples et en le rendant enfin le plus heureux possible, vu que le peuple français, c'est moins à l'étiquette, ou mieux à la dénomination du gouvernement qu'aux faits, qu'il tient.

Pour la grand masse populaire, qu'on appelle le gouvernant du nom que l'on voudra, peu lui importe, et je suis en cela de son avis, les seules choses qu'il désire, qu'il veuille et qu'incessamment il demande, c'est la vraie morale et le travail, d'où découlent la liberté et l'égalité pour tous devant la loi, ainsi que la fraternité, dans la grande et vaste société française.

Le peuple, dis-je, aurait probablement été indulgent envers l'Empire et l'aurait même peut-être absout, s'il avait été capable de lui donner ce que je viens de dire ci-dessus ou au moins et surtout, si ces paroles : « L'Empire c'est la paix ! » eussent été vraies ; mais il n'en fut malheureusement pas ainsi. Cette promesse que je reproduis à dessein, était à la fois une phrase politique à l'adresse des nations étrangères et à la France, mais c'était comme les actes nous l'ont démontré plus tard, de la part de ce nouveau gouvernement, de la poudre jetée aux yeux des ignorants, dans l'espoir de parvenir à les aveugler.

Car, peu d'années après la guerre à la République romaine, faite sous la présidence Napoléonienne, pour la restauration du pouvoir temporel du Pape, vint la guerre de Crimée, où la France ne se fait pas trop presser pour se joindre à l'Angleterre contre la Russie.

De cette guerre, la prévoyante Allemagne, ou la Prusse, si vous aimez mieux, sut se tenir à l'écart, quand le Piémont de son côté par l'habileté de Cavour, son ministre à l'époque, sut faire accepter son faible concours par les puissances coalisées contre la Russie. Ce concours fut accepté, il faut bien le dire, peut-être d'une manière un peu facile pour ne pas dire aveugle, par beaucoup d'hommes d'Etat de ces diverses puissances.

Car ne doit-on pas voir là, dans la tactique de ces deux nations, deux actes de haute et adroite politique, et chacune d'elles par intérêt, quoique agissant de manière différente ?

L'un de la part de l'Allemagne, par sa neutralité, afin de rester en bons termes avec la Russie, et qu'elle pourra faire valoir un jour auprès d'elle contre la France, en se servant du prétexte que le peuple français est un peuple tracassier, orgueilleux et guerroyeur, n'aspirant qu'à dominer les autres peuples, et que nous avons été à Sébastopol dans ce but, enfin pour contrarier les projets russes et pour les tenir pour ainsi dire toujours enclavés dans la mer Noire, tandis que elle est d'un avis tout contraire.

Et par la coopération du Piémont dans cette guerre et l'alliance des Napoléon avec Victor-Emmanuel, ne devait-on pas voir dans tout cela l'aspiration d'unité italienne ?

Oh ! si, nos hommes d'Etat, nos diplomates, qu'on surnommait les adroits et les fins, auraient certainement dû prévoir l'un et l'autre (surtout lorsqu'un pauvre ignorant l'entrevoyait) et mettre au plus vîte leurs prévisions au profit de leur pays ! Eux, qui très-probablement auraient été écoutés du pouvoir !

Quant à l'unité italienne, elle n'aurait pourtant pas été pour la France, une bien mauvaise chose, du moins en certains temps et certains cas, si le gouvernement de l'époque eut mieux tenu parole envers elle lors de la guerre de Lombardie, entre l'Autriche et l'Italie, dans laquelle la France s'immisça, et en disant par la bouche de l'Empereur : « Il faut que l'Italie soit libre des Alpes à l'Adriatique ! » programme par lequel l'Italie comprit probablement la Vénétie, et la promesse dans ce sens ne fut pas entièrement tenue.

Dans ce cas, la France fut-elle bien inspirée ? fut-elle adroite ? Non, car cette guerre et un peu la question romaine, qui lui a déjà coûté si cher, lui valut la froideur et presque l'inimitié de ces deux nations à la fois, de l'Autriche pour l'avoir forcée à céder la Lombardie, et de l'Italie, pour ne pas l'avoir aidée à conquérir tout son ancien territoire et de nous opposer à ce qu'elle s'emparât de Rome pour en faire sa capitale, chose qu'elle a faite plus tard, sans prendre l'avis de la France.

Et plaise à Dieu que nos hommes d'Etat actuels et ceux à venir soient assez clairvoyants pour éviter dorénavant, entre la France et l'Italie, des conflits au sujet de cette question romaine, que certains hommes verraient ressusciter avec plaisir. Nos diplomates sauront-ils y voir ? Voudront-ils le faire ? Il faut aimer... à le croire.

Et s'il m'était permis de donner ici un quasi-conseil à ces fougueux catholiques, qui languissent tant de soulever cette question romaine, laquelle nous a déjà occasionné bien des désagréments regrettables, je leur dirais : dans l'intérêt de notre pays soyez circonspects, ajournez et puis ajournez encore votre question du pouvoir temporel du Pape, qui, momentanément du moins, a fait son temps, et pénétrez-vous bien d'une chose, qu'il faut en ce moment-ci à la France, pour ne pas tomber plus bas qu'elle ne l'est, et pour reprendre le plus vîte possible le rang qui lui convient parmi les nations : prudence, bon sens, activité, travail et prévoyance, sinon elle tombera plus bas encore et avec elle également le papisme et la papauté. Et aux membres des autres religions dissidentes, je dirais : n'importe les nuances politiques et religieuses donnons-nous tous la main, marchons unis, que les questions idéales ne nous fassent jamais perdre de vue l'intérêt de notre bien chère patrie.

Choses que tout homme vraiment libéral et patriotique ne doit jamais perdre de vue.

. . . .

Je sais que je trouverai des hommes opposés à mes vues, au sujet de ces questions, et qui pourront peut être me taxer d'ignorant ou de fou d'envisager ainsi les choses : puissent-ils, eux, prétendant le contraire, arriver par des moyens plus simples et surtout plus efficaces encore, à sauver la France, la liberté. C'est mon plus ardent désir.

Ainsi, comme je viens de le démontrer, je crois d'une manière assez claire (qui m'a amené à faire une disgression dont le lecteur m'excusera j'espère), l'intervention française dans cette guerre entre l'Autriche et l'Italie, au lieu de nous valoir une nation amie, et pour ainsi dire presque une alliée, comme certains hommes l'espéraient, nous valut, du même coup, presque deux ennemies, fruit d'une mauvaise politique.

Quelque temps après cette guerre franco-

talienne contre l'Autriche, la France eut celle
du Mexique, guerre blâmable celle-là, si jamais
il en fut, puisqu'elle fut faite sans portée réelle-
ment réparatrice au drapeau français, ni aucu-
nement dans un but profitable à ses véritables
intérêts, par conséquent impolitique, car dans
quel but cette guerre était-elle faite ?

On parle bien de quelques intérêts particuliers français, anglais et espagnol méconnus,
mais tout cela est-il bien réel ? Ce qui me donne
beaucoup de doute à ce sujet, ou mieux qui me
les dissipe, et qui est cause que je ne crois pas,
c'est d'avoir vu l'Angleterre, à cette époque,
prévoyante et comme la France, toujours jalouse
de l'honneur de son drapeau, et l'Espagne, non
moins fière et non moins jalouse de son honneur national, qui devaient dans cette affaire
agir de concert avec la France, se retirer et la
laisser seule dans cette maladroite entreprise.

La politique suivie en cette circonstance par
ces deux nations, aurait dû, il me semble, faire
réfléchir nos hommes d'Etat.

Car que nous valut encore cette guerre ? Deux
choses : la perte d'un grand nombre de braves
soldats et de plusieurs centaines de millions,
et forcément l'inimitié de cette nation, dont
nous avions été, comme à Rome, renverser le
gouvernement qu'elle s'était donné.

Peut-être aussi voulut-on par cette guerre
racheter, aux yeux de la maison d'Autriche, le
tort qu'on avait eu à son égard en participant à
la guerre de Lombardie, en plaçant sur le trône
mexicain le malheureux Maximilien.

C'était là, on le comprend, une manière à la
façon (accordez-moi la comparaison) des personnes endettées, qui empruntent d'un côté pour
payer de l'autre, mauvais moyen pour liquider
une situation mesquine c'est vrai ; mais n'im-

porte, ce n'était pas moins là un acte gouvernemental, et sans doute à son point de vue un moyen de réparer ses...... ou nos torts envers l'Empire autrichien, tout en démolissant encore une République.

Enfin laissons-là l'infortuné Maximilien et ces contrées lointaines, et revenons en Europe, pour jeter un coup d'œil rétrospectif sur la tactique prussienne, lors de la guerre que l'Allemagne fit au Danemark, en compagnie de l'Autriche son alliée de circonstance, pour s'emparer d'une parcelle du territoire danois, où cette fois la France resta neutre, fit-elle bien ? oh ! cette question la touchait de bien plus près que d'autres auxquelles elle avait pris part !

Et je crois bon et même utile d'entrer ici dans quelques détails au sujet de cette guerre, pour démontrer et faire ressortir un peu la ruse prussienne ou Bismarkienne.

Car est-ce que la Prusse, à cette époque, n'était pas assez forte pour faire, à elle seule, la guerre au petit et valeureux Danemark, qu'elle s'allia l'Autriche pour le combattre ? Si, et même bien au-delà, mais la rusée convia l'Autriche à ce jeu, en lui parlant de droits anciens, dans le but d'ôter un obstacle qui la gênait, et par là encore d'agrandir son territoire, et dans la crainte que la France, l'Angleterre ou autre voulussent entraver la partie, et en outre pour se rendre compte de la tactique militaire autrichienne, de ses armements, et enfin pour se créer adroitement une question sujette à discorde, dont elle userait en temps opportun pour chercher querelle à son alliée (comme j'ai dit) de circonstance.

Et en effet, cette alliance ne fut pas de longue durée, car peu de temps après, et par des motifs que je n'examine pas ici, la Prusse se brouilla avec l'Autriche, et dans la guerre qu'elles se firent, à cette époque, et qui fut de courte durée, la Prusse fit un deuxième essai de ses nouvelles armes, qui lui valurent la victoire, ce qui, depuis la guerre Austro-Prussienne contre le Danemark et celle de la Prusse contre l'Autriche, me fit dire maintes fois et publiquement : les mêmes armes, si la France ne s'avise, seront tournées contre elle ; et je le craignais tellement, qu'il me souvient d'avoir écrit à l'Empereur quelques jours avant la guerre Austro-Prussienne, pour lui exposer mes craintes à ce sujet, en l'engageant, au cas où cette guerre aurait lieu entre ces deux puissances, à profiter de la circonstance pour obtenir de l'Allemagne du Nord, pour prix de la neutralité française, nos frontières naturelles du Rhin, jusqu'à Mayenne ou Coblentz et la Moselle, non dans un but d'égoïsme, car ce n'est pas l'étendue du territoire d'une nation qui, selon moi, en fait le bonheur, ni même la richesse, et s'il le fallait, nous aurions des exemples et des pièces à l'appui ; non, je le répète, ce n'était assurément pas dans un but d'orgueil et d'égoïsme que je lui conseillais cela, mais pour se prémunir contre l'audace de la Prusse depuis quelque temps étalée au grand jour, dont un exemple entr'autres, se trouve dans la réponse qu'elle fit par la voie de Diete germanique à la France et à l'Angleterre, en août 1851, lui disant qu'aucune nation étrangère n'avait le droit de s'immiscer dans ses affaires ; c'est assez clair, je pense ?

Ainsi, cette audacieuse réponse, et surtout à une époque où probablement elle n'était pas aussi bien préparée à faire la guerre qu'elle l'a été en 1870, aurait dû tenir, depuis lors, le gouvernement français en éveil, et mieux encore

la France entière, et je me trouve presque forcé
de croire qu'il ne fut probablement pas tenu
plus de compte par le gouvernement de cette
réponse faite à la France et à l'Angleterre que
des idées que je soumis à l'Empereur, concernant une partie naturelle des frontières du
Nord et de l'Est de la France, lors de la guerre
Austro-Prussienne, chose que j'aurais dû prévoir et même savoir que ce que je me donnais
la peine de lui dire, quoique dans l'intérêt du
pays, passerait inaperçu, vu que les têtes couronnées et même d'autres dépourvues de dia-
dème, ne tiennent le plus souvent guère compte
des paroles et des idées exposées simplement et
surtout provenant d'hommes vulgaires comme
moi, qui ne parlent pas leur langage et qui (le
plus souvent dans le vrai) ne pensent, ne parlent et n'agissent pas comme eux ! Oui j'aurais
dû le savoir et je vois même que je me l'ima-
ginais, ce qui revient à dire que je m'y atten-
dais, car trop d'exemples nous l'ont appris.

Et malgré cela, je ne pus résister au désir de
dire, si comme on nous le dit, la France est
pourvue de forces, d'organisation et autres
moyens, pour faire ou soutenir la guerre, la
circonstance serait probablement favorable pour
obtenir avec un peu d'énergie et d'adresse
(chose que je viens de dire plus haut) nos frontières naturelles du Rhin, et cela sans peut-être
tirer un coup de canon, mais quoique à regret,
le tirer si besoin l'exige, ce qui nous aurait
très-probablement évité la dernière et récente
guerre et la perte de l'Alsace et une partie de
la Lorraine.

Oui, à cette époque, mieux qu'en 1870, était
le moment d'imposer la volonté française à la
Prusse et même d'accord avec l'Autriche, si le
cas l'exigeait, ce qui aurait peut-être un peu

retardé l'unité italienne, que beaucoup désiraient pourtant laisser faire ; mais alors dans
ce dernier cas encore, en voulant cette unité,
il fallait au moins savoir aider à la faire, ou la
laisser faire dans des conditions plutôt avantageuses que nuisibles à la France.

Et revenant à la dernière et récente guerre
de 1870, où nous avons presque perdu deux
provinces, je dis que nos gouvernants auraient
dû, eux, mieux que tous les simples citoyens, le
prévoir depuis longtemps, et proche après Sadowa, non sous le rapport des connaissances
naturelles et autres, mais bien sous le rapport
des révélations et renseignements diplomatiques, que les autres citoyens en dehors des
sphères gouvernementales, le plus souvent n'ont
pas attendu que, comme aujourd'hui, la Prusse
ou Allemagne du Nord, resta après cette guerre,
pour ainsi dire l'arme au bras, attendant, sans
nul doute, une occasion favorable de brouille
avec la France, et que la vacance du trône
d'Espagne fournit.

On sait que c'est sur l'intention que manifesta
la Prusse de placer sur le trône d'Espagne un
prince allemand, et à la suite d'une insulte faite
à l'ambassadeur français à Berlin, que notre
gouvernement de l'époque se hâta de déclarer
la guerre à la Prusse, la France n'étant par
suite de l'incurie, de la mauvaise volonté ou de
la maladresse de quelques-uns de ses gouvernants, nullement prête à la faire.

Et de ces fautes nous payons, hélas ! bien
chèrement les conséquences, qui sont la perte
des deux provinces d'Alsace et de Lorraine,
ensuite cinq milliards d'indemnités aux vainqueurs et une somme à peu près égale à celle
ci-dessus pour nos dépenses de guerre de nous-
mêmes, soit en armes, en équipements et au-

tres frais de guerre proprement dits, et sans oublier d'énormes dégâts aux propriétés, aux récoltes, et sans pouvoir énumérer la perte la plus forte, celle de tous nos bons soldats, morts pour la défense de la patrie et de la liberté !

La France durant cette guerre, ou le gouvernement impérial s'effondra, sembla être un moment, outre l'abandon de quelques hommes du régime qui venait de tomber, être également abandonné de Dieu même.

Lorsque des hommes savants et énergiques, entr'autres Gambetta, prirent en main les rênes de l'Etat, tombées de celles de l'Empereur à la malheureuse bataille de Sédan, où il se rendit aux prussiens, et ce jour-là s'accomplit ce que j'avais maintes fois dit publiquement: dans cette guerre l'Empereur trouvera sa perte.

.... D'ailleurs, avec tant soit peu d'attention, que depuis quelques années on eut suivi les affaires politiques de la France et vu son état à cette époque, pouvait-on en conclure autrement? Non, la puissante et vieille opposition devait naturellement, en l'absence du chef de l'Etat et du mécontentement populaire, par suite des guerres et certains abus administratifs, devait dis-je, à la première occasion, remplacer l'Empire par la République tant désirée par la majorité du peuple, gouvernement sous lequel il semble vouloir vivre, ce qui de par le bon sens du peuple et de l'armée, s'effectua heureusement, c'est-à-dire sans effusion de sang et sans peine.

Tout se prêtait à ces événements, le manque de troupes présentes sous les drapeaux, au moment de la déclaration de guerre, le manque d'armes de précision et d'une artillerie à longue portée, le manque de munitions, de vivres, d'équipements, enfin une mauvaise organisation militaire presque partout, ou mieux nullement en rapport avec celle de l'ennemi, dont nous avons été témoins.

Et lorsque certaines de ces choses se savaient d'avance, est-ce que tout cela ne se prêtait pas à l'appui de mes appréhensions ?

C'est à dire que vu notre mauvaise organisation militaire, ou tout au moins inférieure presque en tout point à celle de la Prusse, nous étions presque sûr d'être vaincus, et que la France vaincue s'en prendrait à ses gouvernants et en appellerait d'autres pour la gouverner, et très-probablement sous une autre forme de gouvernement.

Enfin, ce que j'avais prévu s'est réalisé, et il ne pouvait guère en être autrement, et je me hâte de terminer l'examen du dernier Empire, en priant mes chers lecteurs de vouloir bien m'excuser d'avoir entremêlé dans cette narration ce qui m'est personnel, vu que j'ai cru utile de le faire, pour mieux faire ressortir certaines fautes et imprudences commises par ce susdit gouvernement.

Quant à l'Empereur, et malgré sa qualité de chef de l'Etat, et comme tel responsable, et sans chercher ici à me faire son défenseur, il me semble pourtant qu'on ne doit pas lui faire supporter toute la responsabilité des fautes commises sous son règne et bien entendu les conséquences,

La déclaration de guerre à l'Allemagne, ou Prusse, qui vient de nous occuper est, sans nul doute, une des plus grandes imprudences de toutes celles commises par l'Empire ; mais c'est aujourd'hui chose consommée, et de plus amples récriminations seraient par conséquent superflues et inutiles.

Ainsi donc laissons-là le dernier gouvernement impérial, qui eut pourtant la pudeur ou l'adresse de conserver au peuple le précieux droit de vote, le suffrage universel, dont on doit lui savoir gré, vu que d'autres avant lui et sous la République de 1848, avaient tenté d'escamoter comme certains hommes-freins et autres plus rétrogrades de temps à autres essayent de faire encore. Et nous pourrions au besoin, comme tout le monde sait, fournir à ce sujet des preuves certaines à l'appui.

Mais laissons-là cette dernière question et cessons, comme j'ai dit, toute récrimination envers le gouvernement déchu pour travailler à réparer nos désastres, et cela d'un commun accord, et chacun dans la mesure de nos forces et aptitudes, sous l'égide du gouvernement républicain, qui est celui de tout le monde, que je crois, étant bien conduit, le plus profitable aux intérêts de la grande masse du peuple, et par conséquent le meilleur de tous.

Oui citoyens, au travail ! au travail ! de suite et sans relâche, pour réparer au plus tôt les pertes éprouvées, et avec le temps celles réparables ; oui, celles réparables, car il en est hélas ! qui pour la patrie ne peuvent l'être, qui sont la mort, comme j'ai déjà dit, de tous ses nobles et valeureux enfants tombés sur les champs de bataille, pour la liberté et la défense de leur pays !

Oui, hommes de tous les partis, républicains, royalistes des deux camps, ou mieux légitimistes et orléanistes, ainsi que vous impérialistes, oubliez et oublions tous le passé, pour ne former dès ce moment pour ainsi dire qu'une seule et même famille, et nous occuper sans relâche à travailler au bonheur et à la prospérité générale de notre patrie, choses réalisables et faciles à réaliser par l'union ; le bon vouloir actif et la

morale, principe fondamental de cette devise :
Liberté, égalité, fraternité.

Cela dit, et sur ce, ma pensée exprimée,
passons un peu à l'Assemblée nationale actuelle
(1), qui se dit souveraine en face du peuple son
souverain, de qui elle tient son mandat et en
vertu duquel elle est pour un temps limité la
mandataire...... et voyons un peu ce qu'elle a
fait et de ce qu'elle s'occupe à faire.

Depuis plus d'un an qu'elle existe, elle a voté
plusieurs lois. Entre autres le siége du gouvernement à Versailles, pour plus de sûreté
disent les uns, pour plus de liberté disent les
autres, et même pour donner une leçon et un
exemple à Paris, disaient encore d'autres, et
pour en finir, d'autres d'un avis tout contraire
aux précédents, c'est-à-dire à tous les autres,
disaient que Paris ne méritait pas une telle
ingratitude, et qu'il fallait résolument, pour
inspirer confiance au pays, y aller siéger.

Et de ces divers arguments, lequel est le
meilleur et le mieux admissible ? Pour mon
compte, je m'incline devant la loi votée à ce
sujet et faisant partie de la Constitution........
....

Et que la population parisienne a très bien
fait son devoir envers les prussiens à l'époque
de la dernière guerre qui, malgré les privations
de tout genre, a su résister héroïquement à
l'ennemi.

....

Et que par suite de toutes ces considérations,
je ne croyais pas qu'en quittant le théâtre de
Bordeaux (on parlait de la défunte Assemblée

---

(1) Je crois devoir prévenir le lecteur que cette brochure a
été écrite en 1872, et que c'est de l'Assemblée de cette époque
dont il est question.

nationale de 1871), elle n'irait pas siéger dans un (1) autre à Versailles.

En cela, ma manière de voir qui était j'aime à le croire celle de beaucoup de monde (pour ne pas dire celle de la grande majorité de la nation), ne fut pas celle de la majorité de cette Assemblée, qui jugea à propos de faire de Versailles la capitale parlementaire de la France, et en cela, vu la souveraineté qu'elle. s'appropria, elle se trouvait dans le droit de le faire, vu que lors des élections du 8 février 1871, la chose, ou mieux les élections étaient tellement pressantes, que les électeurs n'eurent pas le temps de se concerter pour donner un mandat défini, et enfin de demander à ces candidats qu'elles étaient leurs vues et leurs idées politiques !

Je crois que la grande majorité du Corps électoral, vu la possession de la République et de l'étranger foulant le sol de la Patrie, ne pensa qu'à envoyer à l'Assemblée de Bordeaux des hommes voulant la paix et les débarrasser au plus vîte de l'ennemi, et qu'une fois cette haute mission accomplie, elle se retirerait pour faire place à une autre.

Cette idée était la mienne, et devait être celle de bien d'autres ; mais l'Assemblée en a jugé différemment, elle a jugé à propos, comme j'ai déjà dit, de se poser en souveraine, en face du peuple son souverain, qui celui-ci, à part son silence, accède aux actes de l'Assemblée, d'où il s'en suit que nous devons nous incliner devant ses décisions. Et puisqu'elle est souveraine, elle a le droit de légiférer, et elle légifère à son

---

(1) Vu la loi ou la Constitution portant que le siége des Chambres est à Versailles et que cette deuxième édition a été écrite en mai 1876, j'ai dû retoucher le passage relatif aux siéges de ces assemblées.

gré, et parmis les lois qu'elle a déjà faites, et en dehors de celle pour sa résidence à Versailles, elle en a fait une contre l'association dite l'Internationale !.. Ainsi que d'autres, augmentant le droit sur les liqueurs, les tabacs, poudres, permis de chasse et autres, enfin ; jusque les ivrognes ont été l'objet de la sollicitude de nos honorables, mais par contre ils n'ont encore, je crois, guère fait en faveur de l'instruction publique laïque... ni pour la réorganisation de l'armée, choses pourtant essentielles et même de première nécessité. Oh ! pardon, je me trompais ; ne critiquons point, et surtout dans ce cas ne critiquons pas en vain, car nous avons déjà de ces choses, tel qu'un commencement de réorganisation militaire, et la Chambre est saisie de la loi sur le recrutement de l'armée ; dont la commission a travaillé, dit-on, plus d'un an au projet. Dieu ! quelle rude et difficile besogne il fallait que cela fût ?

Mais patience, quelques jours encore, et après le projet, nous aurons la loi ; on dit bien quelquefois que le temps est ou vaut de l'argent, mais n'importe, il s'agit que lorsqu'on a payé, la chose soit bien faite....... Comme dans ce cas, il est permis de croire, il n'y a que dans le cas contraire que nous aurions le droit de nous plaindre.

Donc, laissons-là, en attendant encore, et après avoir beaucoup attendu, l'Assemblée et ses commissions à leurs travaux, et passons, ou mieux voyons et demandons un peu ce que fait le pouvoir exécutif ?

S'occupe-t-il, lui, mieux que certains autres, sérieusement des affaires de la France ? En se consolidant par l'entourage d'hommes intelligents, sûrs et ayant la confiance du pays ? ce qui est de la bonne politique intérieure, et influant sur l'extérieure.

Et de celle de l'extérieur s'en occupe-t-il aussi d'une manière sérieuse ? Envoi-t-il auprès des Gouvernements étrangers, des ambassadeurs, chargés d'affaires ou consuls clairvoyants, actifs et adroits en politique, tenant bien le gouvernement au courant des affaires extérieures et plus particulièrement de celles ayant traits aux intérêts de la France ? Et de plus, en ce sens, capables à nous valoir, ou du moins aider ou contribuer à ce que nous ayons une paix durable avec tout le monde, ou au moins travaillant à nous procurer des alliés, ou l'amitié de certaines nations, pour que en cas de guerres nouvelles, notre pays, la France, ne se trouve pas comme en 1870, seul et isolé ; telle que celle des États-Unis d'Amérique, à qui un port de mer à eux, dans la Méditerranée, ferait probablement plaisir, et qui nous serait dans certains cas, d'un grand secours, pour la garantie et la conservation de nos colonies, si jamais quelqu'un tentait de se les approprier.

Ensuite celle de l'Espagne, qui quoique secondaire, pourrait nous être utile sous le rapport de voisinage, et pourrait encore par rapport à Amédée, son nouveau souverain, nous valoir dans certaines circonstances et peut-être prochaines, la neutralité de l'Italie, ou mieux encore, l'alliance avec cette dernière, peut-être en ce moment difficile à faire, vu que ses rapports avec la France sont depuis quelque temps un peu tièdes, mais que la France pourrait, il me semble, améliorer du jour au lendemain, en l'assurant qu'elle ne pense plus à la question du pouvoir temporel du Pape, et dans ce cas, si les Italiens ont du cœur, ils se trouveraient, je pense, satisfaits, et deviendraient alors nos amis, pour ne pas dire nos alliés, car ils ne doivent pas ignorer que les bons rapports entre voisins sont toujours profitables à tous.

Et à la Russie, dont l'amitié serait, pour notre pays, à peu près le contrepoids de l'inimitié allemande, y pense-t-on ? et dussions-nous, pour l'obtenir, déchirer même, d'accord avec elle, encore une des feuilles du traité de Paris, et si nous ne le faisons d'un consentement mutuel, elle pourrait bien le jour où elle aura un Bismark ou un Cavour, le faire sans prendre notre avis ; d'ailleurs l'exemple de l'Italie est là.

Et à celle de l'Autriche, touchée et même encore menacée, y pense-t-on aussi ? ainsi qu'à certaines autres encore, quoique secondaires, si toutefois il y a possibilité, vu que les amis ne sont jamais trop nombreux ; et sans oublier non plus les petits peuples amis et généreux dont le territoire touche au sol français, et dont il faut toujours maintenir l'amitié qui sont la Suisse et la Belgique, pour ainsi dire deux parties de la France même, et qu'on ne s'y trompe pas, ces alliances ou bons rapports amicaux nous seraient incontestablement comme à eux profitables.

Ce sont là, selon moi, des choses très-urgentes, et j'aime à croire que le gouvernement doit y travailler, ainsi qu'à élever des forteresses dans le Sud-Est de la France, du côté de Dijon, ainsi qu'aux environs de Paris, et il le faut, et sans plus de retard, si toutefois nos ressources nous le permettent, et si toutefois nous avons encore le temps de le faire.

Car n'est-il pas permis en ce moment, en jetant un coup d'œil sur les affaires politiques et autres de l'Europe, de voir dans l'Italie un instrument que la Prusse cherche à rendre docile et maléable, pour s'en servir peut-être (selon les circonstances), contre nous ? soit pour nous guerroyer, soit pour nous tenir en échec, ou mieux nous obliger de rester à l'état neutre, et à nous observer mutuellement, quand, à un moment donné qui ne peut être bien loin, il lui plaira de mettre à exécution les grands projets qu'elle doit nourrir en secret : d'étendre son territoire et de lui donner enfin des débouchés qui lui manque, et qui, selon moi, lui sont nécessaires pour donner plus d'extension à son commerce.

Il y a bien parfois des Allemands qui disent que cette alliance, ou quasi alliance, avec l'Italie, n'est que pour équilibrer les affaires des puissances européennes ; n'en croyons rien, ou mieux croyons le contraire (car ce n'est pas là le but de son semblant d'amitié envers l'Italie), et vous verrez que l'avenir nous donnera raison.

Cette nation (l'Allemagne du Nord), aujourd'hui armée, comme on dit jusqu'aux dents et sur la voie de la victoire, quoi qu'on en dise, ne peut s'arrêter encore ; après la terre ferme, pour le développement de son commerce, il lui faut la mer, et elle n'a pour ainsi dire en ce moment que l'embarras du choix ou de l'entreprise à faire.

Et pourquoi resterait-elle ainsi armée, si elle ne pensait pas à faire encore la guerre ?

Par rapport à Berlin, la capitale, et son commerce avec l'Amérique, et d'autres villes importantes du Nord; commencera-t-elle, pour ces considérations, par redresser la route encore un peu sinueuse et accidentée de la mer Baltique et celle du Nord ? En s'emparant d'un peu du territoire Nord de la Hollande, et pour de là, avec son bras robuste, donner peut-être un peu plus tard, s'il lui est nécessaire un coup de massue sur une des côtes anglaises, ce qui rendrait la fière.... Albion, autant et peut-être même plus faible que nous ? et qui rendrait par ce fait l'Allemagne dominante dans les mers Baltiques et du Nord.

Ainsi, doit-on croire que dans son intérêt vrai, elle ne le tentera pas ? C'est ce que nous allons examiner ci-dessous : maîtresse des neuf dixièmes du Rhin, irions-nous croire qu'elle n'envie pas l'autre dixième, dont l'embouchure, malheureusement pour elle, se trouve être juste en face de l'obstacle anglais, que l'Allemagne ne peut regarder qu'avec jalousie ? et cette dernière, la jalousie, est, comme tout le monde le sait, parfois cause de bien des choses !

Et si, comme il pourrait bien arriver, par rapport à ses intérêts qui s'y trouvent, elle ose, avec le consentement de la Russie, tenter de s'approprier une partie du territoire hollandais, par la force ou l'adresse, qui donc momentanément s'y opposera et lui empêchera ? L'Angleterre qui dans ces parages est encore la plus dominante et la plus intéressée ? Ah ! qui sait si, ce jour-là, il ne sera pas un peu trop tard, pour empêcher le géomètre-soldat allemand de planter en face d'elle, et ses jalons et ses drapeaux ? et qui sait ? peut-être bientôt après chez elle-même.

En 1870, le moment était plus propice aux Anglais, pour parer et même détourner le coup qui les menace ! Mais la jalousie, cette mauvaise conseillère était là.

. . . .

A défaut de l'Angleterre, sera-ce la Belgique jointe à la Hollande et à la susdite Angleterre ? On ne peut guère l'admettre d'avantage. Sera-ce donc la France ou l'Espagne ? probablement pour le moment ni l'une ni l'autre, car la France épuisée, a pour le moment, et pour quelque temps assez à faire chez elle, pour s'acquitter de ses dettes, et asseoir sur des bases solides son nouveau gouvernement républicain, afin de le rendre durable, et surtout que les vraies Républiques ne doivent pas être querelleuses ou mieux guerroyeuses ? Et l'Espagne a aussi assez d'affaires chez elle, et je pense que la plupart des autres puissances n'interviendront pas non plus.

Ainsi donc, le moment n'est peut-être pas inopportun à l'Allemagne du Nord, pour tenter cette entreprise, ce qui me porte à croire qu'après un peu de repos, elle pourrait bien se mettre de nouveau à l'œuvre de ce côté ou d'un autre, dont je parlerai ci-dessous ; à moins qu'elle ne connaisse pas à fond son affaire et son véritable intérêt, car il faut qu'elle se fraye un chemin plus praticable, par la mer Baltique et celle du Nord, pour aller en Amérique, ou un autre sur le Danube, pour arriver dans l'Adriatique, ou sa grandeur (si toutefois on peut l'appeler ainsi), ne sera qu'éphémère et passagère, et elle descendra alors bien vite au rang où elle était il y a environ soixante ans.

Et nous irions croire naïvement qu'elle ne s'imposera pas des sacrifices, besoin étant, pour conserver les fruits..... de ses travaux, et de ne pas en retirer encore d'autres si elle le peut ? Oh ! ce serait, je pense, bien gravement nous tromper !

Ainsi, par conséquent, à nous, et autres puissances d'ouvrir les yeux et d'aviser !

Car, qu'on ne perde pas de vue que deux choses obligent cette puissante nation à marcher en avant, si toutefois elle veut se maintenir au premier rang des nations européennes où elle est parvenue, qui sont : 1° de devenir encore plus populeuse et plus forte, et le meilleur moyen pour cela, est de faire entrer dans

le sein de la grande famille Allemande du Nord
la fraction de cette race encore englobée dans
l'Etat autrichien ; et 2° par suite d'ores et déjà,
à se procurer des débouchés maritimes qui lui
manquent pour son commerce.

Et ce dernier sujet me rappelle que, me trou-
vant en petit comité d'amis, et tout en causant
de l'Allemagne, au sujet de l'avantageuse
extension que le commerce de cette nation pourrait prendre aux Indes, par la voie de Suez et
l'Adriatique, et sur ce, un de mes amis, naïf
(mieux vaut le qualifier de ce terme, car ce naïf
ami ne conprenait pas ma politique), me dit :
Mais pourquoi ne pourrait-elle pas arriver au
même résultat en passant par la France ? et dé-
bouchant à la Méditerranée par Marseille, je
suppose ? — Pourquoi ? par des raisons bien
simples que voici : C'est que cette voie serait
pour elle plus longue, plus couteuse, moins
praticable et moins sûre, ce que je vais vous
expliquer ; plus longue, parce qu'il faudrait que
la plus grande partie de ses marchandises dé-
crivissent un immense arc de cercle ; venir sur
le couchant pour retourner en l'Orient, tandis
que de la Bavière à Trieste, le trajet est court,
et direct ; ensuite, plus couteuse (par la France),
parce que le parcours serait plus long et moins
praticable et moins sûr (en admettant que toutefois elle put parvenir à se le frayer, parce
qu'elle y rencontrerait beaucoup plus d'obstacles ; vu qu'elle arriverait par là, pour ainsi
dire au milieu de l'Angleterre, par rapport à
Malte et Gibraltar, ensuite l'Espagne, le Maroc,
l'Italie, et de plus sur le sol d'un peuple (en
parlant de nouveau de la France), qui, quoique
un peu divisé par les opinions politiques, n'est
formé que d'une seule et même race ou nationalité et à son grand honneur, avant tout, tou-

jours patriote, et non encore mort, quoique grièvement blessé !

Et de par ces considérations, j'ai la ferme conviction qu'elle ne pourrait pas s'y maintenir longtemps, tandis que d'autres côtés, elle aurait beaucoup plus de chance de s'y maintenir. Par les raisons : que du côté de la Baltique, elle n'a à toucher qu'à un petit Etat, et du côté du Danube et la mer Adriatique, elle n'aurait affaire qu'avec une puissance composée de plusieurs races ou nationalités dont une partie, comme elle allemande, et dont une bonne partie de cette race désire peut-être se rallier à la grand fraction du Nord, et d'autres races, encore du même Etat, qui ne demaderaient sans doute pas mieux que de recouvrer leur autonomie, ce qui lui rendrait probablement l'œuvre plus facile, et de plus, par là, avec bien moins d'obstacles que par une voie française.

Et en outre de toutes ces considérations, qui sait si, dans un temps plus ou moins éloigné, l'Allemagne n'aura pas intérêt à ce que la France, sa voisine, soit encore la France ?

En ce qui concerne le Danube et la mer Adriatique, dès que la race Allemande ne formera qu'une seule et même puissance, ils lui seront, je le répète, indispensables.

Mais quoique une partie de cette race fasse encore partie d'une autre puissance, il n'est pas moins vrai qu'un peu des côtes du Frioul et de Trieste, sur l'Adriatique, ne lui serait pas, comme la mer Baltique et celle du Nord, également de première nécessité, et même je dois le dire plus nécessaire que ces dernières, principalement aux grandes fractions de l'Est, du centre et du midi Allemand, pour leur commerce avec la Turquie (dont le nom est peut-être appelé à disparaître de la carte d'Europe),

le midi de la Russie, l'Asie occidentale, l'E-
gypte, et autres dans la Méditerranée, ainsi
que pour celui avec les Indes, et autres par la
voie de Suez, qui est pour toutes les nations
européennes la route la plus directe, et par
conséquent la plus économique.

La route des Indes, par le canal de Suez,
outre l'avantage de raccourcir, permet encore
aux puissances Russe, Turque, Autrichienne,
et à une partie de l'Italie, de laisser Malte,
Gibraltar, et autres places fortes à leur droite,
ou du moins à leur occident, ce qui leur évite
d'y tirer, comme on dit, le chapeau.

Et nous irons croire encore, que de tous ces
avantages, immenses, réels, et si attrayants, la
puissante Allemagne du Nord ne cherchera pas
à en profiter ? Oh ! ce serait de la déraison ;
cette nation est aujourd'hui trop forte, et les
hommes qu'elle a à sa tête sont trop clairvoyants et trop expérimentés pour ne pas profiter
de l'occasion présente, pour se frayer une route
plus praticable du côté du Nord, et également
une autre (et c'est pour elle la plus urgente),
pour aller aux Indes, par la mer Adriatique,
qui est pour ainsi dire en face de Suez, et surtout que de ce côté cinquante lieues à peine
séparent Salsburg de Trieste, ou des côtes du
Frioul, et par conséquent le point le plus propice pour ses débouchés de ce côté-là.

Mais je dois dire, pourtant, que je ne vois
pas tout cela en rose, car, relativement au
susdit canal de Suez, qui est déjà aujourd'hui
un objet de jalousie et de convoitise, sera plus
tard...... cause de discordes.

Je dirai encore, et sans trop pour cela m'é-
carter du sujet, que l'Angleterre, je le répète,
dans le temps prévoyante, acheta, et plus tard
prit, en vue de l'intérêt de son commerce et de

sa prépondérance maritime, possession du rocher de Perim, sur les côtes d'Abyssinie, dans la mer Rouge ; mais cette mer, ce rocher ou place que les Anglais ont un peu fortifié, est plus éloigné de la métropole anglaise que ne le sont Malte et Gibraltar, et par conséquent bien moins à redouter ou à craindre.

Et dans peu de temps, peut-être, ce que l'Angleterre a fait jadis, dans l'intérêt de son commerce, certaines nations voudront aussi également, et avec raison, le faire dans l'intérêt des leurs, en s'appropriant des possessions sur ledit canal, et qui sait ? peut-être tout le canal même ! et ce jour-là, enfin, cette prise de possession donnera lieu sans nul doute, dans ces contrées et très-probablement ailleurs, à de grandstroubles et de grandes guerres !

Les nations européennes, en ce moment-ci les plus intéressées à la possession du susdit canal, pour donner une libre et plus grande extension et en outre plus d'influence et de sécurité à leur commerce, sont la Russie, dont les navires, pour sortir de chez elle, sont forcément obligés de passer sous les canons des forteresses turques, et qui plus est, depuis longtemps soumise à des traités qui la gêne ; et qu'un jour, et peut-être prochain, (si toutefois comme j'ai déjà dit elle se trouve à avoir chez elle un Cavour ou un Bismark), elle tentera s'il le faut de les annuler par la voix terrible du canon.

Ensuite, l'Allemagne, qui, une fois la barrière du Sud, de Salsburg à Trieste, ou aux côtes du Frioul franchie, se trouvera presque en face de ce fameux canal de Suez, — qui est appelé par sa position à laisser de bons, de beaux et ensuite de tristes souvenirs de discordes dans l'histoire, — et cette barrière un jour où l'autre, elle la franchira, *à moins que quelque manœu-*

vre habile, ne vienne au plustôt mettre entrave à sa marche ascendante, et dérange les vastes projets que très-probablement elle doit nourrir, et auxquels il est assurément permis de croire.

Si elle veut nous prouver le contraire, et nous ôter tous nos doutes elle a un moyen bien simple : qu'elle désarme au lieu d'armer.

Désarmer ! mais elle ne le peut ; comme j'ai déjà dit, à moins de compromettre tout ce qu'elle a déjà fait, et par ces motifs, et vu qu'il faut croire, que comprenant le rôlequ'elle a à jouer par la position qu'elle s'est créée par là dernière guerre qu'elle a eu avec la France, elle continuera de jouir de la liberté que lui a donné la violation des traités de 1815. Et en dépassera même très-probablement les funestes exemples ; et ce, malgré qu'avec raison comme à ces époques, le droit et l'humanité se récrient !...

Oui, n'importe, comme les autres elle passera outre, en se retranchant derrière cette infernale et absurde maxime : *La force prime le droit !* maxime dont malgré toute son absurdité, le principe doit être aussi vieux que le monde ?

Mais bref là-dessus, n'entrons pas plus avant dans cette dernière question, qui n'est pas du domaine de celles que je me suis proposé de traiter ici ; et revenons à celle que nous avons laissée, concernant l'Allemagne.

J'ai dit plus haut, en parlant de cette nation, que vu ses intérêts si visibles, ou mieux si palpables sur l'Adriatique, elle devait nécessairement chercher à se frayer un passage sur le territoire autrichien, pour arriver plus directement à Suez, pour son commerce avec les Indes, et celui dans la Méditerranée. Eh bien, ce jour-là, où l'Allemagne marchera sur l'Adriatique, la Russie sa puissante voisine, quoique peut-être moins ambitieuse, devra marcher sur le Bosphore ; en déchirant par là et en entier les lambeaux restant des traités de Paris, qui la lie et la gêne, pour arriver également par la suite avec plus de liberté dans la Méditerranée, à moins de se voir elle-même dominée.

Et ce jour-là encore, si par les moyens dont j'ai déjà parlé, la France n'avait pas su obtenir l'amitié et l'alliance russe, ou autres égalant sa puissance, et que la Russie d'accord, ou non d'accord avec l'Allemagne du Nord, chacune d'elle marcherait, même isolément sur l'objet de ses convoitises pour s'en emparer et se l'approprier.

L'union, ou mieux coalition des autres puissances mêmes secondaires, serait de toute urgence, pour parer le coup envahisseur de ces deux grands colosses du Nord. Et si elle n'est déjà faite, dès ce moment devrait se faire, afin de se garantir mutuellement entr'elles leur autonomie et leur territoire, au lieu de faire, comme elles font depuis quelque temps, de vivre isolées et presque toujours jalouses les unes des autres ; ce qui est un grand mal qui, s'il continuait, serait peut-être funeste à toutes. Qu'à cette maxime : *Diviser pour régner !* vraie et bonne aux têtes couronnées pour leur intérêt particulier, elles répondent dans l'intérêt général, et en la mettant en pratique, par cette autre maxime républicaine : *Unir pour exister !* ce qui me remet en mémoire les États-Unis d'Amérique, dont nous avons déjà parlé, et qui me fait dire ou mieux poser cette question :

Croyez-vous que en cas d'un conflit européen, ou même peut-être entre certaines puissances en particuliers, une forte escadre américaine et une part de relâche à eux, sur les côtes méditerranéennes d'Asie ou d'Afrique, je suppose, soit de Syrie par là vers l'île de Chypre, soit en Egypte, Tripoli, Tunis ou autres, serait nuisible à l'Europe et à la France en particulier ? pour moi je ne le pense pas.

Même aux deux puissantes nations allemandes et russe la présence en Europe d'une escadre américaine, pourrait être utile, en cas de conflit ou guerre, pouvant un jour surgir entr'elles, et qui deviendra inévitable et d'autant plus proche, si l'Allemagne par l'aveuglement obstiné de certaines nations, devient trop puissante.

A moins que, comme je le répète, *de grands évènements politiques.....* viennent bientôt à déranger chez elles et plus particulièrement en Allemagne les grands projets..... de ses habiles gouvernants actuels. Ce qui serait sans doute un grand bienfait pour l'humanité, et à ce bienfait..... la France, quoique sérieusement blessée de concert avec d'autres nations pourrait très-bien y concourrir encore et même le hâter.

Mais il faudrait pour cela en France une union plus compacte, et n'importe les idées politiques et religieuses nous tous rallier de bonne foi à la République, actuellement présidée par l'illustre Monsieur Thiers, dont, pour mon compte personnel, quoique imbu d'idées politiques un peu plus avancées que les siennes, je donne publiquement par cette brochure, et cela, dans l'intérêt de la patrie, exemple de ralliement à lui et je déclare que je serai pour et avec lui, dans toutes les questions d'intérêt général du pays.

Je dois faire observer ici que cela a été écrit par moi en 1872 et que ce que j'ai été pour Monsieur Thiers à cette époque, je le serai également et aux mêmes conditions, pour l'illustre maréchal de Mac-Mahon, président actuel de la République, si comme son prédécesseur, et comme j'aime fermement à le croire, fait dans l'intérêt du pays de son mieux, pour procurer du bien-être au peuple par tous les moyens possibles en son pouvoir, et en consolidant notre jeune République, en qui paraît être l'avenir de la France et de tant d'autres nations.

L'exemple que j'ai donné par écrit et par action en mai 1872, envers Monsieur Thiers, et que je donne de nouveau quatre ans plus tard, c'est-à-dire en mai 1876, au très-illustre Maréchal de Mac-Mahon, devrait, il me semble, être suivi par tous les monarchistes |de bonne foi, qui croyant peut-être bien faire agissent malheureusement trop souvent encore en *hommes-freins*, et il me semble pourtant que vu les idées libérales de la grande majorité du peuple, ils devraient sans crainte, changer un peu de système, c'est-à-dire que les républicains allant à eux et leur demandant leur concours, eux de leur côté devraient également marcher et venir un peu à eux et le lui sincèrement accorder, afin de tomber définitivement d'accord sur le système gouvernemental républicain et la manière de l'appliquer, qu'en mai 1872 par la première édition de cet opuscule, je demandais comme tant d'autres de rendre définitif.

Ainsi donc, ce vœu ou ce désir étant depuis la Constitution pour tous un fait accompli, il ne s'agit plus que de s'y rallier de bonne foi, et il ne manquera pas, j'espère — et sans froisser personne de raisonnable, — d'avancer moralement et par conséquent libéralement dans le progrès que tout citoyen vraiment honnête doit aimer.

Oui, citoyens, rallions-nous tous de bonne foi, à l'homme jusqu'à ce jour sans tâche et

sans reproche, au président de la République,
et par conséquent au gouvernement républicain, aujourd'hui encore la seule ancre de salut
de la France, et de plus le seul levier assez
puissant avec lequel on puisse ébranler le faux
et absurde système de nationalité, dont la Prusse
ou Allemagne du Nord, par l'illustre Bismark,
se sert si bien à son profit, au détriment de
certaines nations, et à tel point, que si celles
jadis vaincues, et autres non encore par elle,
matériellement touchées, ne s'avisent pas à se
donner au plutôt la main, comme j'ai déjà eu
occasion de le dire, et à faire cause commune
pour leur défense, elles pourraient bien, je
crois, en supporter dans un temps plus ou moins
éloigné, — mais qui ne peut être bien loin, —
des terribles conséquences, à moins que comme
j'ai déjà également dit, des événements politiques..... surgissent chez elle, — ne parlant ici
que de l'Allemagne — et dérangent des projets
que, je crois, vu sa position, lui entrevoir.

Ainsi donc, hommes libéraux, hommes clairvoyants de tous les régimes et de tous les partis,
hommes de cœur et de bonne volonté, de toute
nation, de tous pays, de toute croyance reli-
gieuse, de tout rang social et de tout âge,
unissons-nous, l'intérêt de nos pays et l'humanité entière le demandent, entrons tous résolument et sans crainte dans la véritable et
bonne voie fraternelle, qui doit s'étendre ou se
propager de nation à nation, comme d'homme
à homme, et travaillons tous, je le répète encore, dans la mesure de nos facultés et de nos
forces ; à l'œuvre à la fois libératrice des peuples et à la concorde et à la paix des nations,
que nous obtiendrons assurément par l'insti-
tution d'un tribunal international européen, —
qu'au nom de l'humanité je recommande de

toutes mes faibles forces à tous les gouvernants d'Europe et à tous les autres hommes de bonne volonté, — ou les difficultés pouvant surgir entre nations européennes se videront, ou mieux y seront jugées en dernier ressort, et par ce moyen la paix et la sécurité assurées ; la confiance partout renaîtra, et la prospérité et le bien-être auxquels tout peuple et même tout particulier aspire, ne se feront également pas longtemps attendre.

A cette entreprise, ou mieux à la formation de ce tribunal international, de bonne grâce la Prusse ou Allemagne doit coopérer, car à défaut, il n'y aurait plus à douter de ses secrètes intentions !

Mais comme je ne veux pourtant pas trop paraître sévère à son égard, je veux bien admettre momentanément ce que d'Allemands ont pu dire, et dont j'ai parlé dans le cours de cet opuscule, que l'amitié ou la quasi-alliance entre l'Allemagne et l'Italie, n'était purement et simplement que pour équilibrer les affaires européennes.

Cela peut-il être vrai ? L'avenir nous l'apprendra, et pour moi, malgré tout le bon vouloir d'y croire, je ne le puis, malgré que je sache pourtant que tout pêcheur peut se repentir ! et que tout pilote qui a fait fausse route peut revenir au port ? en serait-il ainsi de l'Allemagne ? dans tous les cas, peuples !.. qu'elle agréable surprise et qu'elle ineffaçable gloire, ne serait-ce-pas pour elle si, au lieu d'aspirer à s'aggrandir encore, — comme nous croyons — elle allait nous donner exemple d'abnégation en rendant à la France l'Alsace et la Lorraine, et prendre l'initiative de mes vœux au sujet de la création internationalde la paix !

Oh ! alors dans ce cas tendons-lui la main

et répétons tous ensemble : vive l'union des peuples !... plus de jalousie, plus de rivalités nationales, plus de guerres ! Et décrétons ensuite, et pour l'observer, s'y soumettre et le pratiquer.

. . . .

Le règne de paix ! de liberté ! d'égalité ! de vraie morale ou fraternité ! tel que l'ont compris et enseigné tous les sages, et enfin tous les clairvoyants philosophes du passé (sans parler du présent), qui est la base de la vraie République, et nous aurons, je crois, mérité de l'humanité !

Car cela vaudra certainement mieux que de nous guerroyer et de nous battre.

FAUQUE.

Avignon. — Typographie et Lithographie, A. ROUX.